经典启蒙

第五册

孟子·中庸

丛书主编：孙绍振

丛书副主编：何　捷

本　册　主　编：向　晴

本册副主编：房世雪　朱国红

本　册　编　委（以姓氏笔画为序）：

王丽娜　王　烁　朱春燕　刘志强　李传芳

李　红　李　振　张　娜　陈婴婴　郑　斌

法蓓蓓　孟庆岭　徐　红　徐　艳　殷　崇

朗　　　诵：胡兴君

插　　　画：张洪昌

本书配有家长交流群
微信扫码，加入感兴趣的学习群
获取本书学习资料，参与读书活动
与其他家长一起辅导孩子使用本书

齐鲁书社

图书在版编目（CIP）数据

孟子·中庸 / 向晴本册主编 . —— 济南 ：齐鲁书社，
2019.5

（《经典启蒙》丛书 / 孙绍振丛书主编 ；第五册）
ISBN 978-7-5333-4122-0

Ⅰ . ①孟… Ⅱ . ①向… Ⅲ . ①儒家②《孟子》－儿童
读物③《中庸》－儿童读物 Ⅳ . ①B222.5-49②B222.1-49

中国版本图书馆CIP数据核字(2019)第086026号

经典启蒙（第五册） 孟子·中庸

孙绍振 丛书主编　何捷 丛书副主编　向晴 本册主编

主管单位	山东出版传媒股份有限公司
出版发行	齐鲁书社
社　　址	济南市英雄山路189号
邮　　编	250002
网　　址	www.qlss.com.cn
电子邮箱	qilupress@126.com
营销中心	（0531）82098521　82098519
印　　刷	山东金坐标印务有限公司
开　　本	787mm×1092mm　1/16
印　　张	5
字　　数	72千
版　　次	2019年5月第1版
印　　次	2019年5月第1次印刷
印　　数	1–10000
标准书号	ISBN 978-7-5333-4122-0
定　　价	20.00元

序 言

　　我们的青少年是幸运的，他们生逢一百多年来伟大祖国最为强盛的时代，那些反复遭受帝国主义列强侵凌、几遭亡国灭种、被视为"劣等民族"之屈辱一去不复返，中华民族已经屹立于我们这个星球。我们走在世界任何一个国家的大街上，完全可以昂首阔步，神采飞扬。

　　时代赋予了我们空前的自信。但是，自信的同时，还须冷静地面对现实：由于长期的经济、军事、文化上的落后，潜在的民族自卑并没有完全消除。我们向世界开放，学习引进欧美文化不是为了照搬，而是为了推动创新我国的文化，在此过程中我们应当对欧美文化进行系统而理智的分析。然而在今天的中国，西方文化的影响力还十分强大，传统文化常常处于被动地位，很多领域还有对西方文化的盲从现象。

　　文化主体性的恢复，文化自信的重构，实际上是一个相当持久的过程。当前，最有效的办法，乃从根本上抓起，把中华优秀传统文化，在儿童思维萌生之际深深地植入，使其成为他们的精神基因。在他们的世界观形成之时，民族文化生发的自豪、自尊、自信将成为他们的生命内核。在此背景下，目前，在全国范围内，儿童读国学经典蔚然成风，令人鼓舞。

　　但是，任务是相当艰巨的。国学经典浓缩着中华优秀传统文化的价值和历史的精华，其内容深邃而丰富，而孩子的阅读和理解能力相当有限。因而本丛书定位于启蒙，万取一收，博中取精。以难易为梯度，将难度最小的经典，如《三字经》《百家姓》《千字文》等，放在唐宋诗词以及《论语》《大学》《孟子》等之前，循序渐进，突出中华道德理性、家国情怀。

当然，各册的内容重点有所分工，如在《三字经》以后，有唐宋诗词，二者结合，情理交融，又贴近儿童认知特点，有利于潜移默化。其中有些格言佳句，如"一寸光阴一寸金"等，可能会使他们过目不忘，终身铭记。在这以后，进入《论语》《大学》《孟子》《中庸》，难度逐渐加大。就其哲学、伦理、文化学的深度而言，这些内容不是孩子们可以完全理解的，但可以取"好读书不求甚解"的策略，但求文字上熟读成诵。孔子、孟子的一些格言，孩子们不难倒背如流，当时不可能十分理解，但会终身耳熟能详，先入心灵，在成年后的生活实践中，当如种子之入土，假以时日，花、果可期。

当然，随着阅读的进展，难度递进，如《老子》《庄子》《古文观止》《诗经》《楚辞》等博大精深，为了切近孩子的认知和理解水平，乃不求其全，截其一篇之警策，或取其智慧之闪光，或取其语言之隽永，或取其哲理之深邃，旨在以点带面，激发兴趣，引人入胜。

篇后有练习，间带游戏性，引发兴趣，促进思考；册后附有参考答案，旨在取孔夫子"困而知之"之效。苟有识者神会，合编者苦心，吾当同欣也。

孙绍振

2019年4月22日

目 录

中　庸

1 梁惠王（一）

导读

　　王道是孟子思想中一个很重要的组成部分。在本篇中梁惠王尽管给了百姓一点小恩小惠，但他发动战争，欺压黎民，在压榨人民这一点上，跟别国的暴君没有本质差别。这告诉我们，看事情要看本质，不要被表面现象所迷惑。成语"五十步笑百步"就是从本篇中提炼出来的。

原文

　　梁惠王①曰："寡人之于国也，尽心焉耳矣②。河内凶③，则移其民于河东④，移其粟于河内。河东凶亦然。察邻国之政，无如寡人之用心者。邻国之民不加少，寡人之民不加多，何也？"

　　孟子对曰："王好战，请以战喻。填然鼓之⑤，兵刃既接，弃甲曳兵而走。或百步而后止，或五十步而后止。以五十步笑百步，则何如？"

　　曰："不可；直不百步耳，是亦走也。"

　　曰："王如知此，则无望民之多于邻国也。不违农时，谷不可胜食也；数罟⑥不入洿池⑦，鱼鳖不可胜食也；斧斤以时入山林，材木不可胜用也。谷与鱼鳖不可胜食，材木不可胜用，是使民养生丧死无憾也。养生丧死无憾，王道之始也。

《耕织图册·采桑图》　清·焦秉贞

五亩之宅，树之以桑，五十者可以衣帛矣。鸡豚狗彘之畜，无失其时，七十者可以食肉矣。百亩之田，勿夺其时，数口之家可以无饥矣。谨庠序^⑧（xiáng）之教，申之以孝悌（tì）之义^⑨，颁白^⑩者不负戴于道路矣。七十者衣帛食肉，黎民不饥不寒，然而不王者，未之有也。

狗彘食人食而不知检（zhì）^⑪，涂^⑫有饿莩（piǎo）而不知发；人死，则曰：'非我也，岁也。'是何异于刺人而杀之，曰：'非我也，兵也。'王无罪岁，斯天下之民至焉。"

注　释

① 梁惠王：即魏惠王，战国时魏国国君。　② 焉耳矣：三个语气词连用，表示非常恳切的语气。　③ 河内：指黄河北岸魏国的地方。凶：庄稼收成不好。　④ 河东：指黄河以东魏国的地方。　⑤ 填然鼓之：咚咚地敲响战鼓。　⑥ 数罟：细密的渔网。

⑦ 洿池：大池。　⑧ 庠序：指古代地方上的学校。　⑨ 孝悌之义：孝悌的道理。孝，尽心奉养和服从父母。悌，弟弟顺从兄长。　⑩ 颁白：鬓发花白，这里喻指老人。颁，通"斑"。　⑪ 狗彘食人食而不知检：富贵人家的猪狗吃掉了百姓的粮食，却不知检查和制止。　⑫ 涂：同"途"，道路。

知与行

1. 本段选自《孟子·梁惠王上》，《孟子》，_____ 经典著作之一。孟子与孔子并称为_____，元文宗时被封为_____。

2. 孟子善于比喻说理，"五十步笑百步"就是一个著名的比喻，联系全文，可以知道孟子以"五十步"比喻_____，以"百步"比喻_____。通过这个比喻，孟子风趣而又深刻地说明了这样一个道理：_____。

3. "五十步笑百步"流传到今天，已经成为一个常用的成语，常用来比喻_____。请用这个成语来造句吧。

_____

4. 概括出自本文的两个成语：_____。

自我评价

诵读小能手	☆ ☆ ☆
诵读小达人	☆ ☆ ☆ ☆
诵读小冠军	☆ ☆ ☆ ☆ ☆

诵读打卡第____天　____年____月____日

2 梁惠王（二）

导读

　　本文是孟子游说齐宣王放弃霸道、施行王道的经过。孟子以"挟太山以超北海"和"为长者折枝"的对照性比喻，阐明"不为"和"不能"的区别。孟子又指出赡养孝敬自己的长辈时不应忘记其他与自己没有亲缘关系的老人；在抚养教育自己的小孩时不应忘记其他与自己没有亲缘关系的小孩。说明施行王道并不难，最基本的就是"推恩"，"推恩足以保四海"，为齐宣王指明了努力的方向。

原 文

　　王说①曰："《诗》云：'他人有心，予忖度②之。'夫子之谓也。夫我乃行之，反而求之，不得吾心。夫子言之，于我心有戚戚焉。此心之所以合于王者，何也？"

　　曰："有复于王者曰：'吾力足以举百钧③，而不足以举一羽；明足以察秋毫之末④，而不见舆薪⑤。'则王许之乎？"

　　曰："否。"

　　"今恩足以及禽兽，而功不至于百姓者，独何与？然则一羽之不举，为不用力焉；舆薪之不见，为不用明焉；百姓之不见保，为不用恩焉。故王之不王，不为也，非不能也。”

曰："不为者与不能者之形何以异？"

曰："挟太山⑥以超⑦北海⑧，语人曰：'我不能。'是诚不能也。为长者折枝⑨，语人曰：'我不能。'是不为也，非不能也。故王之不王，非挟太山以超北海之类也；王之不王，是折枝之类也。老吾老⑩，以及人之老；幼吾幼⑪，以及人之幼。天下可运⑫于掌。《诗》云：'刑于寡妻⑬，至于兄弟，以御于家⑭邦。'言举斯心加诸彼而已。故推恩足以保四海，不推恩无以保妻子。古之人所以大过人者，无他焉，善推其所为而已矣。今恩足以及禽兽，而功不至于百姓者，独何与？权⑮，然后知轻重；度，然后知长短。物皆然，心为甚。王请度之！"

《至圣先贤像册·孟子像》 佚名

孟子

知与行

1. "明足以察秋毫之末，而不见舆薪。"这句话中出现了一个成语，你找到了吗？请工整地抄写在田字格里，并写出它的意思吧！

解释：_____。

2. 文章列举了四个事例：

① 吾力足以举百钧，而不足以举一羽。

② _____。

③ _____。

④ _____。

用这四个例子来说明齐宣王不实行仁政不是_____，而是_____。最后，孟子为齐宣王指明了能统一天下和治理天下的方向，用两个字概括就是_____。

3. "老吾老，以及人之老；幼吾幼，以及人之幼。"你在生活中有没有听到或者看到这样的事例，说一说吧。

自我评价	
诵读小能手	☆ ☆ ☆
诵读小达人	☆ ☆ ☆ ☆
诵读小冠军	☆ ☆ ☆ ☆ ☆

诵读打卡第_____天　　_____年_____月_____日

③ 梁惠王（三）

导 读

　　孟子主张"民贵君轻，社稷次之"的仁政思想。孟子认为，国君以老百姓的忧愁为忧愁，以老百姓的快乐为快乐，这样还不能够使天下归服的情况是没有过的。只有"保民"才可以"王"天下，"保民而王，莫之能御也"。

原 文

　　庄暴见孟子，曰："暴见于王①，王语暴以好乐，暴未有以对②也。"曰："好乐何如③？"

　　孟子曰："王之好乐甚④，则齐国其庶几⑤乎！"

　　他日，见于王曰："王尝语庄子以好乐，有诸⑥？"

　　王变乎色⑦，曰："寡人非能好先王之乐⑧也，直好世俗之乐耳⑨。"

　　曰："王之好乐甚，则齐其庶几乎！今之乐由古之乐也。"

　　曰："可得闻与⑩？"

　　曰："独乐乐，与人乐乐，孰乐？"

　　曰："不若与人⑪。"

曰:"与少⑫乐乐,与众乐乐,孰乐?"

曰:"不若与众。"

"臣请为王言乐⑬。今王鼓乐于此,百姓闻王钟鼓之声,管籥⑭(yuè)之音,举疾首蹙頞⑮(cù è)而相告曰:'吾王之好鼓乐,夫何使我至于此极也?父子不相见,兄弟妻子离散。'今王田猎于此,百姓闻王车马之音,见羽旄⑯(máo)之美,举疾首蹙頞而相告曰:'吾王之好田猎,夫何使我至于此极也?父子不相见,兄弟妻子离散。'此无他⑰,不与民同乐也。

"今王鼓乐于此,百姓闻王钟鼓之声,管籥之音,举欣欣然有喜色而相告曰:'吾王庶几无疾病与,何以能鼓乐也?'今王田猎于此,百姓闻王车马之音,见羽旄之美,举欣欣然有喜色而相告曰:'吾王庶几无疾病与,何以能田猎也?'此无他,与民同乐也。今王与百姓同乐,则王矣。"

《听琴图》 北宋·赵佶

注释

❶ 见于王:被王接见。王,指齐宣王。 ❷ 未有以对:没有什么话拿来回答。 ❸ 何如:怎么样? ❹ 好乐甚:非常爱好音乐。 ❺ 庶几:差不多。 ❻ 有诸:有这回事吗? ❼ 变乎色:变了脸色。 ❽ 先王之乐:古代圣王制作的音乐。 ❾ 直……耳:只……罢了。世俗之乐,时下流行的音乐。 ❿ 可得闻与:这道理可以让我听到吗?与,同"欤"。 ⑪ 不若与人:不如同别人一起欣赏音乐欢乐。 ⑫ 少:少数人。⑬ 臣请为

王言乐：请您让我给您讲讲关于欣赏音乐的事吧。臣，孟子自称。　⑭ 管籥：古代吹奏乐器。　⑮ 举疾首蹙頞：全都觉得头痛，皱眉头。蹙，收紧。頞，鼻梁。　⑯ 羽旄：装饰着羽毛的旗子。　⑰ 无他：没有别的原因。

知与行

1. 孟子规劝齐王"与民同乐"很有说服力，其原因是什么？选出不恰当的一项。（　　）

A. 孟子在论证中，善于用对比，把百姓对国君取乐两种不同的态度作对比，增强了说服力。

B. 孟子是有影响、有地位的人，齐王很敬仰他。

C. 在论证中善用比喻，形象生动，让人易于接受。

D. 抓住齐王的心理，顺水推舟，步步深入，因此能够为齐王所接受。

2. 文段主要阐述了＿＿＿＿＿＿＿＿＿＿＿的道理。

3. 孟子为何认为齐宣王"好乐甚"，则"齐国其庶几乎"？请根据文段，用自己的话来回答。

自我评价	
诵读小能手	☆ ☆ ☆
诵读小达人	★ ★ ★ ☆
诵读小冠军	☆ ★ ★ ★ ☆

诵读打卡第＿＿＿天　　＿＿＿＿年＿＿＿月＿＿＿日

4 公孙丑(一)

导 读

什么是"浩然之气"呢?"浩然之气"该如何养成呢?孟子在本篇中进行了深入浅出的阐释。气,"至大至刚""配义与道",在心中累积产生。这对于当今的人们也有很强的教育意义。

原 文

"敢问夫子恶乎长?"

曰:"我知言,我善养吾浩然①之气。"

"敢问何谓浩然之气?"

曰:"难言也。其为气也,至大至刚,以直养而无害,则塞于天地之间。其为气也,配义与道;无是,馁②也。是集义③所生者,非义袭而取之也。行有不慊④于心,则馁矣。我故曰,告子未尝知义,以其外之也。必有事焉,而勿正⑤,心勿忘,勿助长也。无若宋人然:宋人有闵⑥其苗之不长而揠⑦之者,芒芒然归,谓其人曰:'今日病⑧矣!予助苗长矣!'其子趋而往视之,苗则槁矣。天下之不助苗长者寡矣。以为无益而舍之者，不耘苗者也；助之长者，揠苗者也——非徒⑨无益，而又害之。"

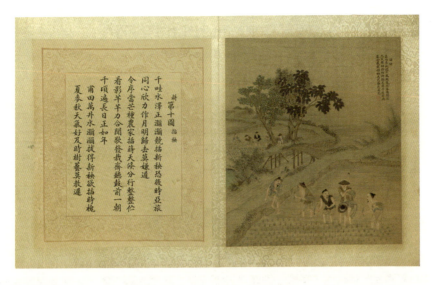

《耕织图册·插秧图》　清·焦秉贞

注 释

❶浩然：盛大流行的样子。　❷馁：饥饿，这里是缺乏力量的意思。　❸集义：正义在心中积累。　❹慊：快，痛快。　❺正：止。　❻闵：忧，担心。　❼揠：拔。　❽病：疲倦。　❾非徒：不但。

知与行

1. 本文是围绕_____来展开论述的，这种气的特点就是_____、_____。

2. 孟子告诉了我们培养浩然之气的方法，你明白是什么意思吗？请连一连吧。

①集义所生者，非义袭而取之也　　A. 心中常念，切勿急功近利

②必有事焉，而勿正，心勿忘，勿助长也　B. 慢慢形成，要坚持

3. 孟子指的浩然之气是一种由于长期的修养道德、践履道义而产生的对人对己毫无愧色、充实完满的精神境界。而今天的浩然之气更多是指＿＿＿＿＿＿＿＿＿。古今中外以及现实生活中，哪些人的哪些行为表现了这种浩然之气？写一写吧。

自我评价	
诵读小能手	☆ ☆ ☆
诵读小达人	☆ ☆ ☆ ☆
诵读小冠军	☆ ☆ ☆ ☆ ☆

诵读打卡第＿＿＿天　　＿＿＿年＿＿＿月＿＿＿日

扫描扉页二维码，家长可加入每日诵读打卡群
与其余29位家长一起每日辅导孩子诵读经典 ▶ 群类别：诵读打卡

5　公孙丑（二）

导读

"圣人之于民，亦类也。出于其类，拔乎其萃。"圣人之所以为圣人，是因为他们的品德、才能都超出一般人。孔子的思想对中国和世界都有深远的影响，被列为"世界十大文化名人"之首。孟子曾借孔子弟子之口，表达了他对孔子的崇拜之情，感叹自从有人类以来还没有谁比孔子更优秀更伟大。

原文

"伯夷、伊尹于孔子，若是班①乎？"

曰："否；自有生民以来，未有孔子也。"

曰："然②则有同与？"

曰："有。得百里之地而君之，皆能以朝诸侯，有天下；行一不义，杀一不辜，而得天下，皆不为也。是则同。"

曰："敢问其所以异。"

曰："宰我、子贡、有若③，智足以知圣人，污④不至阿其所好。宰我曰：'以予⑤观于夫子，贤于尧、舜远矣。'子贡

曰：'见其礼而知其政，闻其乐而知其德，由百世之后，等百世之王，莫之能违也。自生民以来，未有夫子也。'有若曰：'岂惟民哉？麒麟之于走兽，凤凰之于飞鸟，太山之于丘垤⑥，河海之于行潦⑦，类也。圣人之于民，亦类也。出于其类，拔乎其萃⑧，自生民以来，未有盛于孔子也。'"

《孔子出游图》 清·顾见龙

注 释

① 班：等齐。　② 然：那么。　③ 有若：孔子的学生，鲁国人。　④ 污：下，地位低下之意。　⑤ 予：宰我之名，古人常自称其名以表敬意。　⑥ 垤：小土堆。　⑦ 行潦：路上积水。　⑧ 萃：聚。

知与行

1. "出于其类，拔乎其萃"中出现的成语：_____。它的近义词有_____、_____、_____。

2. 下面对选文的理解不正确的一项是（　　　）

A. 孟子认为，宰我、子贡与孔子是一类人。

B. 孔子被称为圣人，是因为他是中国古代伟大的思想家、教育家、儒家学派的创始人，他修订了《诗》《书》等典籍，其思想对中国和世界都有深远的影响。

C.麒麟对于走兽，凤凰对于飞鸟，大山对于土堆，河海对于水洼，圣人对于民众，都是同类，但前者远远超过了后者，所以说自从有人类以来，没有人比孔子成就更大了。

3.被称为"唐宋八大家"之首的韩愈曾说过："圣人之所以为圣，愚人之所以为愚，其皆出于此乎？"（《师说》）那圣人成为圣人的原因究竟有哪些呢？请读一读韩愈《师说》的原文并认真思考，与大家交流一下。

6 公孙丑（三）

导读

　　"得道多助，失道寡助"是孟子的一个著名论断，这里"得道"和"失道"的人，不是指普通的个人，而是指一国之君。孟子认为国君欲得天下，必先得民心；欲得民心，必须施行仁政。以德服人，能使人心悦诚服，而以力服人，则不能服人之心。"仁政"是"得其心"之政。

原文

　　孟子曰："天时不如地利，地利不如人和。三里之城①，七里之郭②，环③而攻之而不胜。夫环而攻之，必有得天时者矣；然而不胜者，是天时不如地利也。城非不高也，池非不深也，兵④革⑤非不坚利也，米粟非不多也；委⑥而去⑦之，是地利不如人和也。故曰：域民不以封疆之界⑧，固国不以山溪之险，威天下不以兵革之利。得道者多助，失道者寡助。寡助之至，亲戚畔⑨之；多助之至，天下顺⑩之。以天下之所顺攻亲戚之所畔；故君子有不战，战必胜矣。"

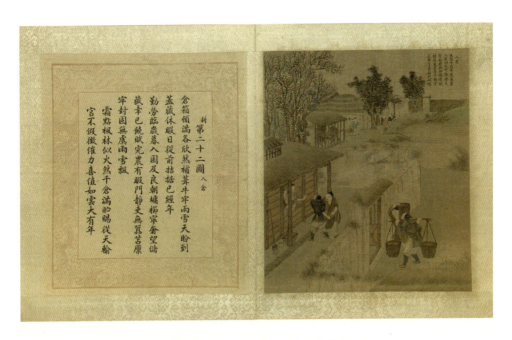

《耕织图册·入仓图》　清·焦秉贞

注 释

① 城：内城。　② 郭：外城。　③ 环：包围。　④ 兵：兵器。　⑤ 革：铠甲。

⑥ 委：放弃。　⑦ 去：离开。　⑧ 域民不以封疆之界：使人民定居下来而不迁到别的地方去，不能靠划定的边疆界限。域，界限，限制。　⑨ 畔：通"叛"，背叛。

⑩ 顺：归顺，服从。

知与行

1. 本文的中心论点是：＿＿＿＿＿＿＿＿＿＿＿＿＿＿＿＿＿＿＿＿＿＿＿（原文回答）；文中指出＿＿＿＿＿、＿＿＿＿＿、＿＿＿＿＿三因素在战争中所起的作用是不同的，其中＿＿＿＿＿是克敌制胜的首要条件，最后得出了＿＿＿＿＿＿＿＿＿＿＿的结论（用原文回答）。

2. 下面列出的名言中，与孟子的主张"仁政"不相关的一项是（　　）

A.治国有常，而利民为本。

B.民为贵，社稷次之，君为轻。

C.水能载舟，亦能覆舟。

D.宝剑锋从磨砺出，梅花香自苦寒来。

3."城非不高也，池非不深也，兵革非不坚利也，米粟非不多也。"
这是_____、_____句，意在强调_____。

4.有人说孟子所说的"人和""得道"与现在提倡的"社会主义核心价值观"其本质是一以贯之的。对此，你有什么看法呢？

自我评价	
诵读小能手	☆ ☆ ☆
诵读小达人	☆ ☆ ☆ ☆
诵读小冠军	☆ ☆ ☆ ☆ ☆

诵读打卡第_____天　　_____年_____月_____日

⑦ 滕文公（一）

导读

　　古人以君臣、父子、夫妇、兄弟、朋友为"五伦"，就是人与人之间的道德关系。孟子曰："长幼有叙，朋友有信。"孟子认为社会角色不同，分工也不同；人人都要做好本职工作，遵守相应的秩序。君臣之间应有礼义之道，父子之间应有骨肉之亲，夫妻之间应挚爱而又内外有别，老少之间应有尊卑之序，朋友之间应有诚信之德。这样社会就和谐了。

原文

　　曰："百工之事固不可耕且为也①。"

　　"然则治天下独可耕且为与？有大人②之事，有小人之事。且一人之身，而百工之所为备，如必自为而后用之，是率天下而路③也。故曰，或劳心，或劳力；劳心者治人，劳力者治于人；治于人者食人，治人者食于人，天下之通义也。

　　"当尧之时，天下犹未平，洪水横流，氾④滥于天下，草木畅茂，禽兽繁殖，五谷不登⑤，禽兽逼⑥人，兽蹄鸟迹之道⑦交于中国。尧独忧之，举舜而敷⑧治焉。舜使益掌火⑨，益烈山泽而焚之，禽兽逃匿。禹疏九河，瀹济漯^⑩而注诸海，决汝汉^⑪，排淮泗而注之江^⑫，然后中国可得而食也。当是时也，禹八年于外，三过其门而不入，虽欲耕，得乎？

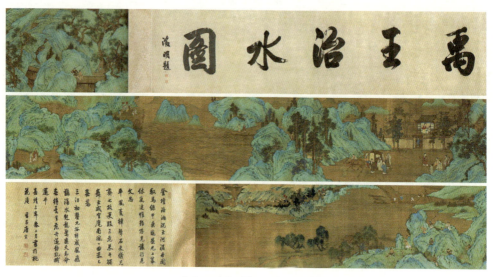

《禹王治水图》 明·仇英

"后稷教民稼穑^⑬，树艺五谷；五谷熟而民人育。人之有道也，饱食、暖衣、逸居而无教，则近于禽兽。圣人有忧之，使契为司徒，教以人伦——父子有亲，君臣有义，夫妇有别，长幼有叙，朋友有信。"

注释

① 百工之事固不可耕且为也：各色工匠的工作本来就不能边耕作边做得了的。
② 大人：与"君子"相似，有时指有德者，有时指有位者。这里指有位者。 ③ 路：一种解释"路"即"露"，失败的意思；另一种解释"路"是疲于奔走，不得休息。
④ 氾：同"泛"。 ⑤ 不登：不成熟。 ⑥ 逼：逼迫，威胁。 ⑦ 道：道路，这里形容禽兽之多。 ⑧ 敷：焦循和朱熹解释为"布"。一种解释认为"布"指遍布，一种解释认为"布"指施行、布置。 ⑨ 益：舜的臣子。掌火：掌管火政。 ⑩ 瀹：疏通。济漯：济和漯都是水名。 ⑪ 决：除去阻塞，通畅河道。汝汉：汝和汉都是水

名。 ⑫排：与"决"同义，除去阻塞。淮泗：淮和泗都是水名。江：指长江。
⑬稼穑：泛指农业劳动。稼，指播种粮食。穑，指收获粮食。

知与行

1. 孟子曰："有大人之事，有小人之事。且一人之身，而百工之所为备，如必自为而后用之，是率天下而路也。"意在强调（　　　）。

　　A.独善其身　　　　B.兼善天下　　　C.勤俭治国　　　D.社会分工

2. 孟子曰："圣人有忧之，使契为司徒，教以人伦——父子有亲，君臣有义，夫妇有别，长幼有叙，朋友有信。"意在强调（　　　）。

　　A.独善其身　　　　B.各得其所　　　C.勤俭治国　　　D.兼善天下

3. 请简要说明第一题选段中孟子的观点：＿＿＿＿＿＿＿＿＿＿＿＿

＿＿＿＿＿＿＿＿＿＿＿＿＿＿＿＿＿＿＿＿＿＿＿＿＿＿＿＿＿＿

＿＿＿＿＿＿＿＿＿＿＿＿＿＿＿＿＿＿＿＿＿＿＿＿＿＿＿＿＿＿

4. 孟子认为"劳心者治人，劳力者治于人"，他还主张"民贵君轻"，这些观点矛盾吗？请简要说明你的看法。

自我评价

诵读小能手	☆ ☆ ☆
诵读小达人	☆ ☆ ☆ ☆
诵读小冠军	☆ ☆ ☆ ☆ ☆

诵读打卡第＿＿＿＿天　　＿＿＿＿年＿＿＿月＿＿＿日

孟子

8 滕文公（二）

　　中国人夸奖一个人的时候，经常说"大丈夫顶天立地"；鼓励一个人的时候，经常说"大丈夫能屈能伸"。那么什么样的人才能称之为"大丈夫"呢？一个人身材高大，就是大丈夫吗？非也。伟大的思想家孟子谈了自己的观点，让我们一起来看看亚圣孟子对"大丈夫"的阐释。

原 文

　　景春①曰："公孙衍、张仪岂不诚大丈夫哉②？一怒而诸侯惧，安居而天下熄③。"

　　孟子曰："是焉得为大丈夫乎④？子⑤未学礼乎？丈夫之冠⑥也，父命之；女子之嫁也，母命之，往送之门，戒⑦之曰：'往之女⑧家，必敬必戒，无违夫子⑨！'以顺为正者，妾

妇之道也。居天下之广居，立天下之正位，行天下之大道；得志，与民由之；不得志，独行其道⑩。富贵不能淫⑪，贫贱不能移⑫，威武不能屈⑬，此之谓大丈夫。"

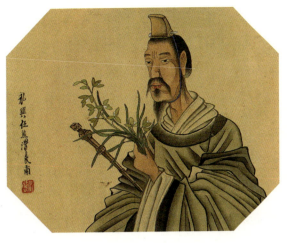

《屈原像》 清·任熊

注 释

❶ 景春：孟子时的纵横家。 ❷ 公孙衍：魏国人，战国时纵横家。张仪：魏国人，战国时纵横家，主张连横，瓦解了齐楚联盟，强大了秦国。 ❸ 熄：太平，战事停息。 ❹ 是焉得为大丈夫乎：这样哪里能算得上大丈夫呢？ ❺ 子：你。 ❻ 冠：古代男子到了二十岁要举行加冠礼。 ❼ 戒：告诫。 ❽ 女：同"汝"。这里的"女家"指夫家。 ❾ 无违夫子：不要违背丈夫。 ❿ 得志，与民由之；不得志，独行其道：得志的时候，偕同百姓循着大道前进；不得志的时候，也独自坚持自己的原则。 ⑪ 淫：乱其心。 ⑫ 移：变其节。 ⑬ 屈：挫其志。

知与行

1. 选文中能反映出古代女子地位低下的句子是：＿＿＿＿＿＿＿

＿＿＿＿＿＿＿＿＿＿＿＿＿＿＿＿＿＿＿＿＿＿＿＿＿＿＿

2. 在孟子看来，什么样的人可以称之为大丈夫？

＿＿＿＿＿＿，＿＿＿＿＿＿，＿＿＿＿＿，此之谓大丈夫。

这也是孟子确定的大丈夫的标准。这句话的意思是：＿＿＿＿＿

＿＿＿＿＿＿＿＿＿＿＿＿＿＿＿＿＿＿＿＿＿＿＿＿＿＿＿

3.下面对选文的理解不正确的一项是（　　　）

A.公孙衍、张仪是战国时的纵横家，他们一发脾气，诸侯们个个胆战心惊，他们安居平静下来，天下都太平；但在孟子看来他们只能勉强算是大丈夫。

B.南宋民族英雄文天祥抗元兵败被俘，宁死不屈，写下了"人生自古谁无死？留取丹心照汗青"的诗句，他可以称之为大丈夫。

C.大丈夫人格是孟子的首创，孟子认为大丈夫应该居住在天下最宽广的居所里，站立在天下最正确的位置上，走着天下最光明的大路。

4.中华民族是一个有骨气、有气节的民族，历史上有许多"富贵不能淫，贫贱不能移，威武不能屈"的大丈夫事例，请搜集几个与大家交流一下。

自我评价

诵读小能手	☆ ☆ ☆
诵读小达人	☆ ☆ ☆ ☆
诵读小冠军	☆ ☆ ☆ ☆ ☆

诵读打卡第＿＿＿天　　＿＿＿年＿＿＿月＿＿＿日

扫描扉页二维码，家长可加入国学经典学习辅导群
一起辅导孩子学习国学经典 ▶ 群类别：国学经典

⑨ 滕文公（三）

导 读

　　"孟母三迁"的故事我们耳熟能详，它告诉我们环境对一个人的成长具有非同小可的影响。孟子在本篇言论中，同样阐释了环境对人的影响。一个人向善还是向恶，周围人的品行起着至关重要的作用。所谓"近朱者赤，近墨者黑"就是这个道理。

原 文

　　孟子谓戴不胜①曰："子欲子之王之善与？我明告子。有楚大夫②于此，欲其子之齐语③也，则使齐人傅④诸？使楚人傅诸？"

　　曰："使齐人傅之。"

　　曰："一齐人傅之，众楚人咻⁵之，虽日挞⑥而求其齐也，不可得矣；引⑦而置之庄岳⑧之闲数年，虽日挞而求其楚，亦不可得矣。子谓薛居州⑨，善士也，使之

《孟母三迁图》　清·顾见龙

居于王所。在于王所者，长幼卑尊皆薛居州也，王谁与为不善⑩？在王所者，长幼卑尊皆非薛居州也，王谁与为善？一薛居州，独如⑪宋王何？"

注 释

❶戴不胜：战国时宋臣。　❷楚大夫：楚国的官员。

❸齐语：齐国话。　❹傅：教。

❺咻：喧哗，打扰。　❻挞：打，责打。

❼引：带领。　❽庄岳：庄是街名，岳是里名。

❾薛居州：战国时宋臣。　❿为不善：做坏事。　⓫如：将。

知与行

1. "一齐人傅之，众楚人咻之，虽日挞而求其齐也，不可得矣"后来简化成为一个成语是＿＿＿＿＿＿，这个成语的寓意是

＿＿＿＿＿＿＿＿＿＿＿＿＿＿＿＿＿＿＿＿＿＿＿＿＿＿＿。

2. 孟子认为一个薛居州是不能引导好宋王的，用原文回答是："＿＿＿＿＿＿＿＿＿＿＿＿＿＿＿＿＿＿＿"

孟子与戴不胜谈话的真正用意是什么？请谈谈你的理解。

3. 以下对选文内容分析不正确的一项是（　　　）

A. 选文中孟子以语言的学习为比喻，说明环境对人有深远的影响。

B. 孟子认为国君应重用善士，对于宋王而言，一个薛居州这样的善士就足够了。

C. 孟子认为把一个人放在合适的学习语言的环境中，就能学得好。

D. 孟子认为，学习语言，如果一个人教他，而其他人在旁干扰，就无法学好。

4. 跟小伙伴交流一下，你喜欢跟什么样的人交朋友，他们对你产生了怎样的影响？

自我评价	
诵读小能手	★ ★ ★
诵读小达人	★ ★ ★ ★
诵读小冠军	★ ★ ★ ★ ★

诵读打卡第_____天　　_____年_____月_____日

⑩ 离娄（一）

导读

　　"行有不得""反求诸己"从个人品质说，就是严以律己，宽以待人，凡事多作自我批评。当行为得不到预期的效果时，就应该反过来检查自己。自身行为端正了，天下的人自然就会归服。"身正而天下归"也正是"修身齐家治国平天下"思想的延续。

原文

　　孟子曰："爱人不亲，反①其仁；治人不治，反其智②；礼人不答，反其敬——行有不得者皆反求诸己，其身正而天下归之。《诗》云③：'永言配命，自求多福。'"

　　孟子曰："自暴④者，不可与有言也；自弃者，不可与有为也。言非⑤礼义，谓之自暴也；吾身不能居仁由⑥义，谓之自弃也。仁，人之安宅也；义，人之正路也。旷⑦安宅而弗居，舍正路而不由，哀哉！"

　　孟子曰："仁之实，事亲是也；义之实，从兄是也；智之实，知斯二者弗去是也；礼之实，节文⑧斯二者是也；乐之实，乐斯二者，乐则生矣；生则恶可已⑨也，恶可已，则不知足之蹈之手之舞之。"

《孔子圣迹图·习礼树下图》 明·仇英

孟子曰："非礼之礼，非义之义，大人弗为。"

注 释

①反：反省。 ②智：智慧。 ③"《诗》云"以下二句：出自《诗经·大雅·文王》，意为与天意相配的周朝万岁呀！幸福都得自己寻求。 ④暴：害，残害。
⑤非：非议，诋毁。 ⑥由：遵循。 ⑦旷：空置。 ⑧节：调节。文：修饰。
⑨已：停止。

孟子

知与行

1. 《论语·卫灵公》里记载：孔子说"躬自厚而薄责于人，则远怨矣"，就是告诉我们要严以律己，宽以待人，凡事多作自我批评。正如孟子强调："＿＿＿＿＿＿者皆＿＿＿＿＿＿。"

2. 孟子提出"修己治人"，曰："其身正而天下归之。"请在下列经典思想中找出与此句不相符的一项（　　　）

A. 《荀子·不苟》："不形则虽作于心，见于色，出于言，民犹若未从也，虽从必疑。"

B. 《论语·子路》："其身正，不令而行；其身不正，虽令不从。"

C. 《庄子》："子非鱼，安知鱼之乐？"

D. 《大学》："身修而后家齐；家齐而后国治；国治而后天下平。"

3. 文中的"自暴"指＿＿＿＿＿＿，"自弃"指＿＿＿＿＿＿。经引申后成为成语"自暴自弃"，用来形容＿＿＿＿＿＿＿＿＿＿＿＿。

4. "仁，人之安宅也；义，人之正路也。"

人类最安适的精神家园——＿＿＿＿＿＿

人类最正确的光明大道——＿＿＿＿＿＿

所以，孟子非常激动地说："旷＿＿＿＿＿＿，舍＿＿＿＿＿＿，哀哉！"

自我评价	
诵读小能手	☆ ☆ ☆
诵读小达人	☆ ☆ ☆ ☆
诵读小冠军	☆ ☆ ☆ ☆ ☆

诵读打卡第＿＿＿＿天　　＿＿＿＿年＿＿＿＿月＿＿＿＿日

⑪ 离娄（二）

导 读

　　诚信是做人的要求。诚，真实无妄。自然界的万事万物都是实实在在的、真实的，没有虚假。这要求我们在个人独处、无人知晓的情况下，也能不折不扣地按照道义的要求规范自己的思想和言行，做到言行一致、内外一致，没有丝毫的虚假不实。

原 文

　　孟子曰："居下位而不获于上①，民不可得而治也。获于上有道，不信于友②，弗获于上矣。信于友有道，事亲弗悦，弗信于友矣。悦亲有道，反身不诚③，不悦于亲矣。诚身有道，不明乎善，不诚其身矣。是故诚者，天之道也；思诚者，人之道也。至诚而不动者，未之有也；不诚，未有能动者也。"

孟子

孟子曰："存④乎人者，莫良于眸子⑤。眸子不能掩其恶。胸中正，则眸子了⑥焉；胸中不正，则眸子眊⑦焉。听其言也，观其眸子，人焉廋⑧哉？"

孟子曰："人之易⑨其言也，无责⑩耳矣。"

孟子曰："言无实不祥。不祥之实，蔽贤者当之。"

《携琴访友图》　明·文徵明

注 释

① 不获于上：不能得到上级的信任。　② 不信于友：不能得到朋友的信任。　③ 反身不诚：若是反躬自问，心意不诚。　④ 存：观察。　⑤ 眸子：眼睛。　⑥ 了：明亮。　⑦ 眊：朦胧，看不清楚的样子。　⑧ 廋：躲藏，隐匿。　⑨ 易：轻易。　⑩ 无责：不值得责备。

知与行

1. "诚"是儒学的核心观念之一，诚信是做人的根本。请你在本篇中找出一句能够说明这一观点的句子，写在下面的横线上：

是故＿＿＿＿＿＿，＿＿＿＿＿＿；＿＿＿＿＿＿，＿＿＿＿＿＿。

2. 孟子在"居下位而不获于上，民不可得而治也。获于上有道，不信于友，弗获于上矣。信于友有道，事亲弗悦，弗信于友矣。悦亲有道，反身不诚，不悦于亲矣。诚身有道，不明乎善，不诚其身矣"这段话中阐述了（　　　）等人际关系的诚信观。

A. 君臣　　　　　　　B. 长幼　　　　　　　C. 朋友

D. 父子　　　　　　　E. 夫妇

3. 诚信源于生活的每个细节。个人与社会之间的诚信关系，既是互动的，也是共生的，互助互惠，才能共生共存。请你列举生活中的小事例来说明诚信的重要性。

自我评价	
诵读小能手	☆　☆　☆
诵读小达人	☆　☆　☆　☆
诵读小冠军	☆　☆　☆　☆　☆

诵读打卡第＿＿＿天　　　＿＿＿＿年＿＿＿＿月＿＿＿＿日

12 离娄（三）

导 读

"仁"是孔子伦理道德思想的总原则，强调对他人的尊重与关爱，希望人们能以"仁爱之心"处理人与人之间的关系。孟子将孔子"仁"的思想在本篇中进行了深入浅出的阐释。

原 文

孟子曰："君子所以异于人者，以其存心①也。君子以仁存心，以礼存心。仁者爱人，有礼者敬人。爱人者，人恒爱之；敬人者，人恒敬之。有人于此，其待我以横逆②，则君子必自反③也：我必不仁也，必无礼也，此物奚宜④至哉？其自反而仁矣，自反而有礼矣，其横逆由是也，君子必自反也，我必不忠。自反而忠矣，其横逆由是也，君子曰：'此亦妄人⑤也

《历代帝王圣贤名臣大儒遗像·舜像》　佚名

已矣。如此，则与禽兽奚择⑥哉？于禽兽又何难⑦焉？'是故君子有终身之忧，无一朝之患也。乃若⑧所忧则有之：舜，人也；我，亦人也。舜为法于天下，可传于后世，我由未免为乡人⑨也，是则可忧也。忧之如何？如舜而已矣。若夫⑩君子所患则亡矣。非仁无为也，非礼无行也。如有一朝之患，则君子不患矣。"

注释

① 存心：指仁爱、礼义存在于心。　② 横逆：蛮横不讲理。　③ 自反：自我反省。　④ 奚宜：怎么会。　⑤ 妄人：狂妄之人。　⑥ 奚择：有什么区别。　⑦ 何难：有什么可计较。难，计较。　⑧ 乃若：这样的。　⑨ 乡人：普通人。　⑩ 若夫：至于。

知与行

1. 君子之所以不同于一般的人，就是因为君子心中有_____，有_____。君子把_____当成自己一生忧虑的事情。

2. 请把下面的句子补充完整，并说说你是怎样理解这两句话的。

仁者_____，有礼者_____。爱人者，_____；敬人者，_____。

3. 下面对原文理解不正确的一项是（   ）

A.孟子认为君子不同于一般人的地方，就在于仁爱、礼义存在于心。

B.爱别人的人，别人经常爱他；对别人恭敬的人，别人经常恭敬地待他。

C.孟子认为，对别人蛮横无礼的人与禽兽没有区别。

D.不是仁爱的事情不干，不是合于礼节的事情不做。

4. 跟小伙伴交流一下，你是如何跟朋友相处的？孟子的这篇言论对你有什么启示？

自我评价	
诵读小能手	☆ ☆ ☆
诵读小达人	☆ ☆ ☆ ☆
诵读小冠军	☆ ☆ ☆ ☆ ☆

诵读打卡第_____天　　_____年_____月_____日

13 万章（一）

导 读

　　孝道是孟子思想中一个很重要的组成部分。有句古语说"百善孝为先"，意思是说孝敬父母在各种美德中排名第一，是一切德行的根本。孟子认为，一个人在人生的不同阶段有不同的爱慕对象，只有终身都怀恋父母的人才可以称之为"大孝"，大舜便是这样的人。

原 文

　　万章①问曰："舜往于田②，号泣于旻天③，何为其号泣也？"

　　孟子曰："怨慕也④。"

　　万章曰："'父母爱之，喜而不忘；父母恶之，劳而不怨⑤。'然则舜怨乎？"

　　曰："长息问于公明高曰⑥：'舜往于田，则吾既得闻命矣；号泣于旻天，于父母，则吾不知也。'公明高曰：'是非尔所知也。'夫公明高以孝子之心，为不若是恝⑦，我竭力耕田，共⑧为子职而已矣，父母之不我爱，于我何哉？帝使其

《道统五祖像·帝尧像》 南宋·马麟

子九男二女，百官牛羊仓廪备，以事舜于畎亩⑨之中，天下之士多就之者，帝将胥天下而迁之焉⑩。为不顺于父母，如穷人⑪无所归。天下之士悦之，人之所欲也，而不足以解忧；好色，人之所欲，妻帝之二女，而不足以解忧；富，人之所欲，富有天下，而不足以解忧；贵，人之所欲，贵为天子，而不足以解忧。人悦之、好色、富贵，无足以解忧者，惟顺于父母可以解忧。人少，则慕父母；知好色，则慕少艾⑫；有妻子，则慕妻子；仕则慕君，不得于君则热中⑬。大孝终身慕父母。五十而慕者，予于大舜见之矣。"

注 释

❶万章：孟子的弟子。 ❷舜往于田：舜到田里去干活。相传舜曾在历山耕田。
❸旻天：秋天。 ❹怨：怨恨。慕：思慕，怀恋。 ❺此四句见于《礼记·祭义》，曾子语。劳，忧愁。 ❻长息：公明高的弟子。公明高：曾子的弟子。
❼怘：无忧无虑的样子。 ❽共：通"恭"，恭敬。 ❾畎亩：田地。 ❿胥：尽，全。迁之：让给了舜。 ⓫穷人：困窘之人。 ⓬少艾：年轻美貌的少女。
⓭热中：焦躁。

知与行

1.把下面的句子补充完整

万章曰："'父母爱之，_____；父母恶之，_____。'然则舜怨乎？"

_____。五十而慕者，予于大舜见之矣。

2.判断下列说法是否正确

① 孝敬父母，就是要关心父母健康，听从父母教导，外出和回家就不用打招呼了。（　　　）

② 孝敬父母是大人的事，与我们小学生没什么关系，我们只要认真学习就行了。（　　　）

③ 孝敬父母就是要多买些东西给父母，让他们吃穿不愁。（　　　）

3.孝心小调查，请填写下面横线的内容，看你了解多少

◎ 你父母的生日分别是_____。

◎ 你父母的体重分别是_____。

◎ 你父母的身高分别是_____。

◎ 你父母分别穿_____码的鞋。

自我评价	
诵读小能手	☆ ☆ ☆
诵读小达人	☆ ☆ ☆ ☆
诵读小冠军	☆ ☆ ☆ ☆ ☆

诵读打卡第_____天　　_____年_____月_____日

14　万章（二）

导读

　　友情要纯洁，不可以掺杂金钱、地位等利害关系的因素在内。古代人非常重视这一点。交朋友应当首重品德。我们在交朋友时，不能因为利益的原因而与其交往，那样交的朋友也不是真正的朋友。

原文

　　万章问曰："敢问友。"

　　孟子曰："不挟①长，不挟贵，不挟兄弟而友。友也者，友其德也，不可以有挟也。孟献子②，百乘之家也，有友五人焉：乐正裘，牧仲，其三人，则予忘之矣。献子之与此五人者友也，无献子之家者也。此五人者，亦有献子之家，则不与之友矣。非惟百乘之家为然也，虽小国之君亦有之。费③惠公曰：'吾于子思，则师之矣；吾于颜般，则友之矣；王顺、长息则事我者也。'非惟小国之君为然也，虽大国之君亦有之。晋平公之于亥唐④也。入云则入，坐云则坐，食云⑤则食；虽蔬食⑥菜羹，未尝不饱，盖不敢不饱也。然终于此而已矣。

弗与共天位也，弗与治天职也，弗与食天禄也，士之尊贤者也，非王公之尊贤也。舜尚⑦见帝，帝馆甥⑧于贰室⑨，亦飨舜，迭为宾主，是天子而友匹夫也。用⑩下敬上，谓之贵贵；用上敬下，谓之尊贤。贵贵尊贤，其义一也。"

《携琴访友图》 清·上睿

注 释

❶挟：倚仗。 ❷孟献子：鲁国大夫仲孙蔑。 ❸费：春秋时小国名。 ❹亥唐：晋国人。晋平公时，朝中多贤臣，但亥唐不愿为官，隐居穷巷，平公曾对他"致礼与相见而请事"，非常敬重。 ❺入云、坐云、食云：是云入、云坐、云食的倒装。 ❻蔬食：粗糙的饭食。蔬，同"疏"。 ❼尚：同"上"。 ❽甥：女婿。 ❾贰室：副宫，即招待的宫室。 ❿用：以。

知与行

1. 下面对原文理解不正确的一项是（　　　）

A. 晋平公对亥唐以朋友之道对之，亥唐粗茶淡饭招待他，他也一定吃饱。

B. 费惠公和子思、颜般、王顺、长息等人的关系不同，对他们的态度也不同。

C. 孟献子与乐正裘、牧仲等五人做朋友，就抛弃了自己的家。

D. 尧与舜是翁婿关系，但他们日常相处也像朋友一样，经常互相招待。

2.阅读下面的材料，完成小题

"不挟长，不挟贵，不挟兄弟而友。友也者，友其德也，不可以有挟也。"（《孟子》）

"有德者，年虽下于我，我必尊之；不肖者，年虽高于我，我必远之。"（《朱熹家训》）

① 孟子和朱熹都强调交友要重视一个字，那就是＿＿＿＿＿＿。

② 针对交友，我们从孟子和朱熹的话中可以得到什么启示？

＿＿＿＿＿＿＿＿＿＿＿＿＿＿＿＿＿＿＿＿＿＿＿＿＿

＿＿＿＿＿＿＿＿＿＿＿＿＿＿＿＿＿＿＿＿＿＿＿＿＿

3.班里有个同学家里富有，总是爱炫耀，有个别同学喜欢与他在一起玩。后来家长减少了他的零花钱，于是原先那些跟他一起玩的所谓的朋友相继离开他了。你对这件事怎么看？

自我评价

诵读小能手	☆ ☆ ☆
诵读小达人	☆ ☆ ☆ ☆
诵读小冠军	☆ ☆ ☆ ☆ ☆

诵读打卡第＿＿＿天　　＿＿＿年＿＿＿月＿＿＿日

扫描扉页二维码，家长可加入每日诵读打卡群
与其余29位家长一起每日辅导孩子诵读经典 ▶ 群类别：诵读打卡

15 万章（三）

导 读

　　孟子在遵循礼仪等级的基础上来谈交友，有其特定的含义。虽然社会历史背景不同，但朋友之间要平等相待，且看重交往对象的品德，这些基本原则是古今相通的。在乱世，行王道之政不能绝对化，诸侯的不义与抢劫杀人者的不义不能等同。

原 文

　　万章问曰："敢问交际①何心也？"

　　孟子曰："恭也。"

　　曰："'却②之却之为不恭'，何哉？"

　　曰："尊者赐之，曰：'其所取之者义乎，不义乎？'而后受之，以是为不恭，故弗却也。"

　　曰："请无以辞却之，以心却之，曰：'其取诸民之不义也。'而以他辞无受，不可乎？"

　　曰："其交也以道，其接也以礼，斯孔子受之矣。"

　　万章曰："今有御人③于国门之外者，其交也以道，其馈也以礼，斯可受御④与？"

《雪夜访友图》 明·李士达

曰："不可；《康诰》⑤曰：'杀越人于货⑥，闵不畏死，凡民罔不譈ⁿ⁷。'是不待教而诛之者也。殷受夏，周受殷，所不辞也；于今为烈，如之何其受之？"

曰："今之诸侯取之于民也，犹御也。苟善其礼际矣，斯君子受之，敢问何说也？"

曰："子以为有王者作，将比⑧今之诸侯而诛之乎？其教之不改而后诛之乎？夫谓非其有而取之者盗也，充类至义⑨之尽也。孔子之仕于鲁也，鲁人猎较⑩，孔子亦猎较。猎较犹可，而况受其赐乎？"

曰："然则孔子之仕也，非事道与？"

曰："事道也。"

"事道奚猎较也？"

曰："孔子先簿正祭器⑪，不以四方之食供簿正。"

曰："奚不去也？"

曰："为之兆⑫也。兆足以行矣，而不行，而后去，是以未尝有所终三年淹⑬也。孔子有见行可之仕，有际可⑭之仕，有公养⑮之仕。于季桓子，见行可之仕也；于卫灵公，际可之仕也；于卫孝公，公养之仕也。"

注 释

❶ 交际：指通过礼物馈赠互相交往。　❷ 却：推辞不接受。　❸ 御人：抢劫的强盗。
❹ 御：抢来的东西。　❺《康诰》：《尚书》的篇名。　❻ 于货：拿走别人的东西。
❼ 谥：怨恨，憎恶。　❽ 比：连同。　❾ 充类至义：充其类，极其义。指把标准上升到
最严格的地步。　❿ 猎较：古代打猎时互相争夺猎物，夺得后用来祭祀，当时的风俗崇
尚这样，认为很吉祥。　⓫ 簿正祭器：用文书规定祭祀用的祭品。　⓬ 兆：开始，开
端。　⓭ 淹：停留。　⓮ 际可：以礼接待。　⓯ 公养：指国君养贤。

知与行

1. 万章问孟子："那么有人说'一再拒绝别人的礼物是不恭敬的'，
为什么呢？"孟子答曰："尊者赐之，曰：＿＿＿＿＿＿＿＿＿＿＿＿
＿＿＿＿＿＿＿＿＿＿＿＿＿＿＿＿＿＿＿＿＿＿＿＿＿＿＿＿＿＿＿"

2. 判断对与错

① "却之不恭"指对别人的邀请、赠予等，如果拒绝接受，就显得
不恭敬。它的近义词是盛情难却、受之有愧 。（　　　）

② 本文段孟子主要阐述了如何做官的主张。（　　　）

3. 怎样才能交到真正的朋友？你有几个真心的朋友？请和同学、老
师交流一下吧！

自我评价	
诵读小能手	★ ★ ★
诵读小达人	★ ★ ★ ☆
诵读小冠军	★ ★ ★ ★ ☆

诵读打卡第＿＿＿天　＿＿＿＿年＿＿＿月＿＿＿日

16 告子（一）

导读

　　一曝十寒，或者如俗语所说"三天打鱼，两天晒网"，努力少，荒废多，往往很难成功。因此，做事贵在坚持，贵在有恒心。世间万事莫不如此。

原文

　　孟子曰："无或乎王之不智也①。虽有天下易生之物也，一日暴②之，十日寒之，未有能生者也。吾见亦罕矣，吾退而寒之者至矣，吾如有萌焉何哉？今夫弈之为数③，小数也；不专心致志，则不得也。弈秋④，通国之善弈者也。使弈秋诲二人弈，其一人专心致志，惟弈秋之为听。一人虽听之，一心以为有鸿鹄⑤将至，思援⑥弓

《对弈图》　明·仇英

zhuó

缴⑦而射之，虽与之俱学，弗若之矣。为是其智弗若与？曰：

非然也。"

注 释

❶ 或：同"惑"，奇怪，疑惑。王：指齐宣王。

❷ 暴：同"曝"，晒。

❸ 数：技巧，技艺。

❹ 弈秋：名秋，因为擅长下棋，所以叫弈秋。弈，围棋。

❺ 鸿鹄：天鹅。

❻ 援：拿，拿起。

❼ 缴：拴在箭上的生丝绳，这里指拴着生丝绳的箭。

知与行

1. 本文段中出现了一个成语，它是＿＿＿＿＿＿＿，它的意思是

＿＿＿＿＿＿＿＿＿＿＿＿＿＿＿＿＿＿＿＿＿＿＿＿＿＿。

2. 本文段中所说的"王"是指＿＿＿＿＿＿，孟子在此提出了

＿＿＿＿＿＿＿＿＿＿＿＿＿＿＿＿的为学主张。

3. 下列选项中，对选文理解不正确的一项是（　　　）

A. 孟子认为后一个学弈者态度不够端正，所以技艺不如前一个学弈者。

B. 选文中孟子用了"一日暴之，十日寒之"和"弈秋诲弈"两个比喻进行论证。

C. 选文中孟子强调了学习时专心致志的重要性。

D. 孟子认为两个学弈者的成绩不同，是由于聪明才智不同的原因。

4. 要是你的身边有学习不够认真、总是三心二意的同学，你打算怎样劝他（她）好好学习呢？

自我评价	
诵读小能手	☆ ☆ ☆
诵读小达人	☆ ☆ ☆ ☆
诵读小冠军	☆ ☆ ☆ ☆ ☆

诵读打卡第_____天　　_____年_____月_____日

扫描扉页二维码，家长可加入国学经典学习辅导群
一起辅导孩子学习国学经典 ▶群类别：国学经典

17 告子（二）

导读

　　在本篇中，孟子首先用鱼与熊掌的比喻引出生与义"不可得兼"，接着从正反两个方面对论点进行正反对比论证，指出人人都有向善之心，最后从正反两个方面举例论证保持本心就要做到"舍生而取义"。孟子的这一观点成为后世许多仁人志士的行为准则，今天仍有重要的借鉴意义。

原文

　　孟子曰："鱼，我所欲也，熊掌①亦我所欲也；二者不可得兼，舍鱼而取熊掌者也。生亦我所欲也，义亦我所欲也；二者不可得兼，舍生而取义者也。生亦我所欲，所欲有甚于②生者，故不为苟得也；死亦我所恶，所恶③有甚于死者，故患有所不辟④也。如使人之所欲莫甚于生，则凡可以得生者，何不用也？使人之所恶莫甚于死者，则凡可以辟患⑤者，何不为也？由是则生而有不用也，由是则可以辟患而有不为也，是故所欲有甚于生者，所恶有甚于死者。非独贤者有是心也，

孟子

人皆有之，贤者能勿丧耳。一箪⑥食，一豆⑦羹，得之则生，弗得则死，嘑尔而与之，行道之人弗受；蹴⑧尔而与之，乞人不屑也。万钟则不辩⑨礼义而受之。万钟⑩于我何加⑪焉？为宫室之美、妻妾之奉、所识穷乏者得我⑫与？乡⑬为身死而不受，今为宫室之美为之；乡为身死而不受，今为妻妾之奉为之；乡为身死而不受，今

《鱼藻图》 明·缪辅

为所识穷乏者得我而为之，是亦不可以已乎？此之谓失其本心。"

注释

① 熊掌：熊的脚掌，古人认为是珍贵的食品。 ② 于：比。 ③ 所恶：讨厌的事物。恶，憎恨，讨厌。 ④ 辟：通"避"，躲避。 ⑤ 辟患：避免祸害。 ⑥ 箪：古代盛饭用的圆竹器。 ⑦ 豆：古代盛食物的木制盛器。 ⑧ 蹴：用脚踢。 ⑨ 辩：通"辨"，辨别。 ⑩ 万钟：指俸禄很多。钟，古代计量单位。 ⑪ 何加：有什么益处。加，好处，益处。 ⑫ 得我：得于我，感激我的恩德。得，通"德"，这里是感激的意思。 ⑬ 乡：通"向"，原先，从前。

知与行

1. 本篇中出现的成语有：_____、_____。由此我们可联想到与本篇观点相关的、孟子曾说过的三句话：_____，_____，_____。

2. 下面对选文的理解不正确的一项是（　　）

A. 孟子认为，义重于生，当义和生不能同时兼得时，应该舍生取义。

B. 南宋民族英雄文天祥说的"人生自古谁无死？留取丹心照汗青"与文段的主旨在本质上是一致的，他抗元兵败被俘，宁死不屈，也正是这种精神的写照。

C. 在孟子看来，只有贤人才有舍生取义之心。

D. 有骨气的人宁愿饿死也不会吃别人施舍的食物，这就是气节，也就是说，在物质需求和精神追求面前，要选择精神的高尚、灵魂的纯净。

3. 历史上有许多"舍生取义"的事例，请搜集几个与大家交流一下。

自我评价	
诵读小能手	☆ ☆ ☆
诵读小达人	☆ ☆ ☆ ☆
诵读小冠军	☆ ☆ ☆ ☆ ☆

诵读打卡第_____天　　_____年_____月_____日

18 告子（三）

导读

　　本篇中孟子主要讲了两个方面的内容，一是造就人才，二是治理国家，得出的结论是"生于忧患，死于安乐"，意思是说忧患可以使人和国家生存发展，安逸享乐则使人和国家萎靡灭亡。

原文

　　孟子曰："舜发于畎亩之中，傅说^①举于版筑之间，胶鬲^②举于鱼盐之中，管夷吾^③举于士^④，孙叔敖^⑤举于海，百里奚^⑥举于市。故天将降大任于是人也，必先苦其心志，劳其筋骨，饿其体肤，空乏其身，行拂^⑦乱其所为，所以动心忍性，曾^⑧益其所不能。人恒过，然后能改；困于心，衡^⑨于虑，而后作；征于色，发于声，而后喻。入则无法家拂士^⑩，出则无敌国外患者，国恒亡。然后知生于忧患而死于安乐也。"

《历代帝王圣贤名臣大儒遗像·傅说像》 佚名

注 释

① 傅说：商王武丁的国相。曾为刑徒，在傅岩筑墙，后被武丁举用为相。 ② 胶鬲：殷纣时的贤人。曾以贩卖鱼盐为生，周文王把他举荐给纣，后辅佐周武王。 ③ 管夷吾：管仲。春秋时齐桓公和公子纠争夺君位，管仲拥戴公子纠，公子纠失败后，管仲被齐桓公囚禁。后由于鲍叔牙推荐，齐桓公举用管仲为宰相。 ④ 士：狱官。 ⑤ 孙叔敖：春秋时楚国的隐士，隐居海边，被楚王发现后举为令尹。 ⑥ 百里奚：春秋时的贤人，流落在楚国，秦穆公用五张羊皮的价格把他买回，任为宰相。 ⑦ 拂：违背。 ⑧ 曾：同"增"，增加。 ⑨ 衡：通"横"，横塞，不顺。 ⑩ 拂士：同"弼士"，即辅弼的贤士。

知与行

1. 孟子在文中以六位历史人物的经历告诉人们：人要成大器，必须经受磨炼。下面列出的名言中，与之意思不相近的一项是（　　）

A. 仰天大笑出门去，我辈岂是蓬蒿人。

孟子

B.自古英雄多磨难，从来纨绔少伟男。

C.宝剑锋从磨砺出，梅花香自苦寒来。

2. 文中孟子认为人要成才，首先要在艰苦的环境中造就，即：
"_____"；
其次要重视人主观因素，即"_____"。
两者相互结合，才有可能成就一番事业。（用文中的句子回答）

3. 孟子在文中列举了六位历史人物的经历，强调了"逆境能成才"；
现在有人认为"顺境也能成才"。对此，你有什么看法？举办一次辩论
会和同学们讨论一下。

自我评价	
诵读小能手	☆ ☆ ☆
诵读小达人	☆ ☆ ☆ ☆
诵读小冠军	☆ ☆ ☆ ☆ ☆

诵读打卡第_____天　　_____年_____月_____日

19 尽心（一）

导读

　　孟子相信天命的存在，但并非消极地等待天命的安排，而是强调以个体的道德自律来"立命"，从而极大地突出了个体的人格价值，以及其所担负的道德责任和历史使命，所谓"修身以俟之，所以立命也"。

原文

　　孟子曰："尽其心①者，知其性②也。知其性，则知天③矣。存其心，养其性，所以事天④也。夭寿不贰⑤，修身以俟之，所以立命也。"

　　孟子谓宋勾践⑥曰："子好游⑦乎？吾语子游。人知之，亦嚣嚣⑧；人不知，亦嚣嚣。"

　　曰："何如斯可以嚣嚣矣？"

曰："尊德乐义，则可以嚚嚚矣。故士穷⑨不失义，达不离道。穷不失义，故士得己⑩焉；达不离道，故民不失望焉。古之人，得志，泽加于民；不得志，修身见于世⑪。穷则独善其身，达则兼善天下。"

孟子曰："君子有三乐，而王天下不与存焉。父母俱存，兄弟无故⑫，一乐也；仰不愧于天，俯不怍⑬于人，二乐也；得天下英才而教育之，三乐也。"

《范仲淹像》　明·居节

注释

❶ 心：本心，指人生来具有的恻隐、羞恶、辞让、是非四种善心。　❷ 性：本性，指与上述四种善心相对应的仁、义、礼、智四种道德的开端。　❸ 天：天道。　❹ 事天：遵循天道而行，使天道不堕。　❺ 不贰：没有二心，即不怀疑天道的好善。　❻ 宋勾践：古人名。其人不见于其他古籍，已不可知。　❼ 游：游说。　❽ 嚚嚚：自得其乐的样子。　❾ 穷：政治上不得志，与下文"达"相对。　❿ 得己：自得。　⓫ 修身见于世：修养个人品德，以此表现于世人。　⓬ 故：灾患，疾病。　⓭ 怍：惭愧。

知与行

1. 孟子极大地突出了个体的人格价值，以及个人所担负的道德责任和历史使命，正所谓"＿＿＿＿＿＿，所以立命也"。

2. 以下哪一项不属于孟子认为的"君子三乐"？（　　　）

A. 父母俱存，兄弟无故。

B. 仰不愧于天，俯不怍于人。

C. 得天下英才而教育之。

D. 王天下。

3. 你是怎么理解"穷则独善其身，达则兼善天下"的？跟你的同学或老师交流一下吧。

自我评价	
诵读小能手	☆ ☆ ☆
诵读小达人	★ ★ ★ ☆
诵读小冠军	★ ★ ★ ★ ☆

诵读打卡第＿＿＿天　　　＿＿＿＿年＿＿＿＿月＿＿＿＿日

20 尽心（二）

导 读

　　"仁政"是孟子政治思想的核心。仁政的内容很广泛，其中很重要的方面就是体恤民众，关注民生，推广恩德。"仁人无敌""不仁而得天下者，未之有也"都在本篇里有所体现。

原 文

　　孟子曰："君子之于物也，爱之而弗①仁；于民也，仁之而弗亲。亲亲而仁民②，仁民而爱物。"

　　孟子曰："不仁哉梁惠王也！仁者以其所爱及其所不爱，不仁者以其所不爱及其所爱。"

　　公孙丑问曰："何谓也？"

　　"梁惠王以土地之故，糜烂其民而战之，大败，将复之③，恐不能胜，故驱④其所爱子弟以殉之，是之谓以其所不爱及其所爱也。"

孟子曰："尽信《书》，则不如无《书》。吾于《武成》⑤，取二三策⑥而已矣。仁人无敌于天下，以至仁伐至不仁⑦，而何其血之流杵也？"

《历代帝王圣贤名臣大儒遗像·周武王像》 佚名

孟子曰："不仁⑧而得国者，有之矣；不仁而得天下者，未之有也。"

注 释

① 弗：不。

② 亲亲而仁民：君子亲爱亲人因而仁爱百姓。

③ 复之：指再次作战。

④ 驱：驱使。

⑤ 《武成》：《尚书》的篇名。

⑥ 策：竹简。

⑦ 以至仁伐至不仁：凭借极为仁道的人讨伐极为不仁道的人。

⑧ 仁：仁道。

知与行

1. 不仁而得国者，有之矣；不仁而得天下者，＿＿＿＿＿＿。

2. 我们不应该盲目地迷信书本，而应该加以分析，辩证地去看问题，正如孟子所说："＿＿＿＿＿＿，＿＿＿＿＿＿。"

3.下列选项中，对选文理解不正确的一项是（　　）

A.梁惠王为了扩大土地，反复征战，牺牲百姓的性命，是大不仁者。

B.孟子认为完全相信《书》，那不如没有《书》。

C.仁人把他对待所喜爱者的恩德推而及于他所不喜爱的人。

D.孟子认为不仁道的人却能得到一个国家，不曾有过这样的事情。

4.孟子认为怎么样的人才能"得天下"？

自我评价	
诵读小能手	☆ ☆ ☆
诵读小达人	☆ ☆ ☆ ☆
诵读小冠军	☆ ☆ ☆ ☆ ☆

诵读打卡第＿＿＿天　　＿＿＿年＿＿＿月＿＿＿日

21 尽心（三）

导读

孟子提出"民贵君轻"的主张，认为君主必须重视人民，君主如有大过，臣下则谏之，如谏而不听可以易其位。本篇中"民为贵，社稷次之，君为轻"的大胆见解，就是孟子"仁政"学说的基础。

原文

孟子曰："霸者之民欢虞①如也，王者之民皞皞②如也。杀之而不怨，利之而不庸③，民日迁善而不知为之者。夫君子所过④者化，所存者神，上下⑤与天地同流，岂曰小补⑥之哉？"

孟子曰："易⑦其田畴，薄⑧其税敛，民可使富也。食之以⑨时⑩，用之以礼，财不可胜用也。民非水火不生活，昏暮叩人之门户求水火，无弗与者，至足矣。圣人治天下，使有菽粟⑪（shū sù）如水火。菽粟如水火，而民焉有不仁者乎？"

孟子曰："民为贵，社稷次之，君为轻。是故得乎丘⑫民

孟子

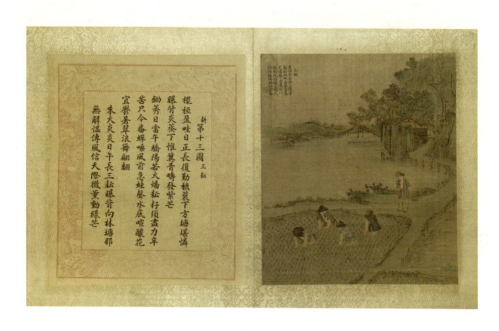

《耕织图册·三耘图》 清·焦秉贞

而为天子，得乎天子为诸侯，得乎诸侯为大夫。诸侯危社稷，则变置。牺牲既成，粢盛^⑬既絜^⑭，祭祀以时，然而旱干水溢，则变置社稷。"

zī chéng

孟子曰："诸侯之宝三：土地、人民、政事。宝珠玉者，殃必及身。"

注 释

❶ 欢虞：欢喜快乐。 ❷ 皞皞：广大自得的样子。 ❸ 不庸：不认为应该酬谢。庸，功劳。 ❹ 过：经过。 ❺ 上下：上指君王，下指臣民。 ❻ 补：利益，用处。 ❼ 易：整治。 ❽ 薄：减少，减轻。 ❾ 以：按照。 ❿ 时：时令。⓫ 菽粟：指豆和小米，泛指粮食。 ⓬ 丘：众。 ⓭ 粢盛：祭祀时所提供的饭食。 ⓮ 絜：通"洁"，洁净。

知与行 ○○

1. 天地之间，老百姓是主要的，国家稍次，国君是更轻更次要的。正如孟子所说："＿＿＿＿＿＿，＿＿＿＿＿＿，＿＿＿＿＿＿。"

2. 以下哪一句不符合孟子"民贵君轻"的观点？（　　　）

A. 民者，国之根也，诚宜重其食，爱其命。

B. 圣人无常心，以百姓心为心。

C. 老吾老以及人之老，幼吾幼以及人之幼。

D. 民惟邦本，本固邦宁。

3. 汉高祖刘邦认同的"王者以民人为天"，隋炀帝杨广标榜的"非天下以奉一人，乃一人以主天下"，都将民众置于相当重要的地位。历史上还有哪些君主是这样做的？请你查找资料和小伙伴交流交流吧。

自我评价	
诵读小能手	★ ★ ☆
诵读小达人	★ ★ ★ ☆
诵读小冠军	☆ ★ ★ ★ ☆

诵读打卡第＿＿＿天　　＿＿＿年＿＿＿月＿＿＿日

扫描扉页二维码，家长可加入每日诵读打卡群

与其余29位家长一起每日辅导孩子诵读经典 ▶ 群类别：诵读打卡

22 中庸（一）

导读

> 《中庸》相传为孔子之孙子思所著，是儒家经典"四书"之一。朱熹将"中庸"解释为"中者，不偏不倚，无过不及之名。庸，平常也"。"中庸之道"既是人生修养的方法，又是道德行为的准则。

原文

【第一章】

天命之谓性①，率性②之谓道，修③道之谓教④。

喜怒哀乐之未发，谓之中；发而皆中节⑤，谓之和。中也者，天下之大本也；和也者，天下之达道⑥也。致⑦中和，天地位⑧焉，万物育⑨焉。

【第二章】

仲尼曰："君子中庸，小人反中庸。君子之中庸也，君子而时中⑩；小人之反中庸也，小人而无忌惮⑪也。"

【第四章】

子曰："道之不行也，我知之矣：知者^⑫（zhì）过之，愚者不及也；道之不明也，我知之矣：贤者过之，不肖者^⑬（xiào）不及也。人莫不饮食也，鲜^⑭（xiǎn）能知味也。"

【第十章】

《至圣先贤像册·子思像》 佚名

子路问强。子曰："南方之强与？北方之强与？抑而强与？宽柔以教，不报无道，南方之强也，君子居之。衽金革^⑮（rèn），死而不厌，北方之强也，而强者居之。故君子和而不流^⑯，强哉矫^⑰（qiáo）！中立而不倚，强哉矫！国有道，不变塞焉，强哉矫！国无道，至死不变，强哉矫！"

【第十一章】

子曰："素隐行怪，后世有述焉，吾弗为之矣。君子遵道而行，半途而废，吾弗能已矣。君子依乎中庸，遁世^⑱（dùn）不见知而不悔，唯圣者能之。"

注释

① 性：天赋本性。　② 率性：遵循天性。率，依照，遵循。　③ 修：修养。
④ 教：教化。　⑤ 中节：符合规范，符合法度。中，符合。　⑥ 达道：一切事物都遵循的普遍规律。　⑦ 致：达到。　⑧ 位：安于所在。　⑨ 育：生长发育，生生不息。
⑩ 时中：时刻符合中庸之道。　⑪ 忌惮：顾忌害怕。　⑫ 知者：聪明而有智慧的人。知，通"智"。　⑬ 不肖者：道德卑劣的人。　⑭ 鲜：少有。　⑮ 衽金革：枕着武器睡觉。　⑯ 流：随大流。　⑰ 矫：强悍刚毅的样子。　⑱ 遁世：退世隐居。

知与行

1. 天命之谓_____，率性之谓_____，修道之谓_____。

2. 下列不符合中庸之道的"强"的表现是（　　　）。

A. 和而不流　　　　　　　　B. 尚武好斗

C. 在逆境中不改变自己的志向　　D. 中立而不倚

3. 小明养狗，相伴三年，狗突然死去。小明（　　　）的表现符合"喜怒哀乐之未发，谓之中；发而皆中节，谓之和"的中庸思想，并说说自己的理由。

A. 心中难过，茶饭不思，一月有余，日渐消瘦

B. 心中难过，伤心落泪，厚葬小狗，时常想念

自我评价	
诵读小能手	☆ ☆ ☆
诵读小达人	☆ ☆ ☆ ☆
诵读小冠军	☆ ☆ ☆ ☆ ☆

诵读打卡第_____天　　_____年_____月_____日

㉓ 中庸（二）

导读

　　中庸之道无所不在，既广大，又精微，普遍处人人可学，高深处圣人难尽。实行中庸之道，必须由浅近进入深远，由平凡达到高潮，切不可好高骛远，应像远行和登高遵照由近及远、由低到高的顺序那样，循序渐进地创造最佳人生。

原文

【第十二章】

　　《诗》云："鸢飞戾①天，鱼跃于渊。"言其上下察②也。君子之道，造端乎③夫妇，及其至也，察乎天地。

【第十三章】

　　子曰："道不远人；人之为道而远人，不可以为道。"

【第十四章】

君子素其位④而行，不愿⑤乎其外⑥。素富贵，行乎富贵；素贫贱，行乎贫贱；素夷狄⑦，行乎夷狄；素患难，行乎患难。君子无入而不自得焉。

在上位，不陵⑧下；在下位，不援⑨上。正己而不求于人，则无怨。上不怨天，下不尤⑩人。故君子居易以俟⑪命，小人行险以徼幸⑫。

子曰："射有似乎君子，失诸正鹄⑬，反求诸其身。"

《孔子圣迹图·途遇图》 明·仇英

【第十五章】

君子之道，辟如行远，必自迩⑭；辟如登高，必自卑⑮。

【第十七章】

故大德必得其位，必得其禄，必得其名，必得其寿。故天之生物，必因其材而笃⑯焉。故栽者培之，倾者覆之。

注 释

① 戾：到达。　② 察：洞察，观察。　③ 造端乎：开始于。　④ 素其位：安于平时所处的位置。素，平素。　⑤ 愿：羡慕。　⑥ 外：分外，这里指等级名分之外的。　⑦ 夷狄：这里泛指周边落后民族。　⑧ 陵：同"凌"，欺压。　⑨ 援：巴结。　⑩ 尤：责怪，怨恨。　⑪ 俟：等待。　⑫ 缴幸：希望获得意料之外的东西，企图因偶然的机会而获得成功。缴，同"侥"。　⑬ 正鹄：靶心。　⑭ 迩：近。　⑮ 卑：低下。　⑯ 笃：厚待，这里指精心培养。

知与行

1. 君子之道，造端乎＿＿＿＿＿＿，及其至也，察乎＿＿＿＿＿。君子之道，辟如行远，必自＿＿＿；辟如登高，必自＿＿＿。

2. 王鹏在老师的引导下，树立远大志向，立志做祖国复兴路上的追梦者。下列选项中，（　　　）是他实现理想的正确路径，说说你的理由。

A. 家庭、身边之事不闻不问，一心追求做惊天动地的大事。

B. 关爱家人，关心身边人，循序渐进地思考和处理各种问题。

3. 以下选项中，哪种行为不符合"素其位而行"的思想？（　　　　）

A. 医生精研医术，救死扶伤。

B. 交警在风雨中指挥交通。

C. 老师正在讲课，学生在课堂上嬉戏打闹。

自我评价	
诵读小能手	☆ ☆ ☆
诵读小达人	☆ ☆ ☆ ☆
诵读小冠军	☆ ☆ ☆ ☆ ☆

诵读打卡第＿＿＿＿＿天　　＿＿＿＿＿年＿＿＿＿月＿＿＿日

㉔ 中庸（三）

导读

中庸之道内容丰富，在修身、齐家、治国、平天下等方面都有积极意义，体现在处理人际关系上就是君臣、父子、夫妇、兄弟、朋友的"五达道"，体现在治学上就是博学、审问、慎思、明辨、笃行。实行中庸之道的重要前提是"诚"。至诚之道，主宰万物。至诚至圣之人是我们学习的楷模。

原文

【第二十章】

故为政在人，取人以身，修身以道，修道以仁。

天下之达道①五，所以行之者三，曰：君臣也，父子也，夫妇也，昆弟也，朋友之交也，五者天下之达道也；知、仁、勇三者，天下之达德也；所以行之者一也。

诚者②，天之道也；诚之者③，人之道也。

博学之，审问之，慎④思之，明辨之，笃⑤行之。

人一能之，己百之；人十能之，己千之。果能此道矣，虽愚必明，虽柔必强。

【第二十一章】

自诚明⑥，谓之性；自明诚，谓之教。诚则明矣，明则诚矣。

【第二十五章】

诚者，非自成己⑦而已也，所以成物也。成己，仁也；成物，知也。性之德也，合外内之道也。故时措之宜也。

《孔子圣迹图·累累说圣图》　明·仇英

【第二十六章】

故至诚无息⑧。不息则久，久则征⑨，征则悠远，悠远则博厚，博厚则高明。

【第二十七章】

故君子尊德性而道⑩问学，致广大而尽精微，极高明而道中庸，温故而知新，敦厚⑪以崇礼。

【第三十一章】

唯天下至圣，为能聪明睿知，足以有临⑫也；宽裕温柔，足以有容也；发强⑬刚毅，足以有执⑭也；齐庄⑮中正，足以有敬也；文理密察，足以有别也。

【第三十二章】

唯天下至诚，为能经纶天下之大经⑯，立天下之大本，知天地之化育。

注 释

❶达道：一切事物都遵循的普遍规律。　❷诚者：天然赋予的真诚。　❸诚之者：使之达到诚的地步。　❹慎：详细。　❺笃：切实。　❻自诚明：由心诚而自然明理。　❼成己：让自己有所成就。　❽无息：没有间断。　❾征：验证，显露，指表现于外的征象。　❿道：致力于。　⓫敦厚：朴实忠厚。　⓬临：居高临下，这里是治理人民的意思。　⓭发强：奋发图强。　⓮有执：有决断，有操守。　⓯齐庄：恭敬庄重。　⓰大经：平治天下的大纲大法。

知与行

1. 自诚明，谓之＿＿＿＿；自明诚，谓之＿＿＿＿。诚则明矣，＿＿＿＿＿＿。

2.《中庸》中的"＿＿＿＿之，审问之，＿＿＿＿之，明辨之，＿＿＿＿之"讲的是对待学习的态度。请联系生活实际，谈谈你对这句话的理解。

3. 王红学业成绩优秀，但一味追求高分数，并不践行所学。同学们议论不已，你认为（　　）观点是对的，并说说你的理由。

A. 成绩好了皆大欢喜，不用去管生活中是否能够做好。

B. 考试取得高分固然高兴，但是活学活用、知行合一才更为重要。

自我评价

诵读小能手	★ ★ ☆
诵读小达人	★ ★ ★ ☆
诵读小冠军	★ ★ ★ ★ ☆

诵读打卡第＿＿＿天　＿＿＿年＿＿＿月＿＿＿日

参考答案

1 梁惠王（一）

1. 儒家　"孔孟""亚圣"

2. 梁惠王之政　邻国之政　魏国的政策和邻国的相差无几，本质上都是虐民暴政，所以不必希望民能多于邻国

3. 自己跟别人有同样的缺点或错误，只是程度上轻一些，却讥笑别人　略

4. 五十步笑百步、弃甲曳兵

2 梁惠王（二）

1. 明察秋毫
形容眼力可以看清极其细小的微观事物，也指视力很好。后多形容人能洞察一切，也指有敏锐的洞察能力

2. ② 明足以察秋毫之末，而不见舆薪
③ 挟太山以超北海
④ 为长者折枝
不能　不为　推恩

3. 略

3 梁惠王（三）

1. B

2. 为政者必须与民同乐

3. 因为在孟子看来，君王爱好音乐没什么不好，只要他能把爱好音乐的快乐与百姓分享，与民同乐，就可以治理好国家，齐国就有希望。

4 公孙丑（一）

1. 浩然之气　至大至刚　配义与道

2. ①—B　②—A

3. 道德感、正义感、责任感

5 公孙丑（二）

1. 出类拔萃　鹤立鸡群　超群绝伦　超凡脱俗

2. A　3. 略

6 公孙丑（三）

1. 天时不如地利，地利不如人和　天时　地利
人和　人和　得道者多助，失道者寡助

2. D

3. 双重否定　排比　地利不如人和

4. 略

7 滕文公（一）

1. D　2. B

3. 一个人不可能身兼数职，大家各有各的分工；大家各司其职，天下才会安定不乱。

4. 不矛盾。孟子阐述的角度不同，"劳心者治人，劳力者治于人"是针对社会分工问题，"民贵君轻"是针对君主管理国家所要秉持的仁爱的理念（施行仁政的角度）。

8 滕文公（二）

1. 女子之嫁也，母命之，往送之门，戒之曰："往之女家，必敬必戒，无违夫子！"

2. 富贵不能淫　贫贱不能移　威武不能屈
金钱地位不能使自己迷惑腐化，贫苦穷困不能改变自己的志向，权势武力不能让自己屈服变节。

3. A　4. 略

9 滕文公（三）

1. 一傅众咻　环境对人有很大的影响
2. 一薛居州，独如宋王何?
　　希望戴不胜不要只推荐一个薛居州，而要设法让宋王周围的人都成为好人
3. B　4. 略

10 离娄（一）

1. 行有不得　反求诸己
2. C
3. 言非礼义　吾身不能居仁由义　自己瞧不起自己，甘于落后或堕落
4. 仁　义　安宅而弗居　正路而不由

11 离娄（二）

1. 诚者　天之道也　思诚者　人之道也
2. ACD　3. 略

12 离娄（三）

1. 仁　礼　向先贤看齐
2. 爱人　敬人　人恒爱之　人恒敬之
　　句子意思：仁慈的人爱人，有礼貌的人尊敬人。爱别人的人，别人也爱他；尊敬别人的人，别人也尊敬他。
3. C　4. 略

13 万章（一）

1. 喜而不忘　劳而不怨
　　大孝终身慕父母
2. ① ×　② ×　③ ×
3. 略

14 万章（二）

1. C
2. ① 德
　　② 交朋友要看中对方的品德，这是最重要的。
3. 略

15 万章（三）

1. '其所取之者义乎，不义乎?' 而后受之，以是为不恭，故弗却也。

2. ① √　② ×　3. 略

16 告子（一）

1. 一曝十寒　比喻学习或工作一时勤奋，一时又懒散，时常间断，没有恒心
2. 齐宣王　学习要专心致志，不能三心二意
3. D　4. 略

17 告子（二）

1. 舍生取义　嗟来之食　富贵不能淫　贫贱不能移　威武不能屈
2. C　3. 略

18 告子（三）

1. A
2. 必先苦其心志，劳其筋骨，饿其体肤，空乏其身，行拂乱其所为　困于心，衡于虑，而后作；征于色，发于声，而后喻
3. 略

19 尽心（一）

1. 修身以俟之　2. D　3. 略

20 尽心（二）

1. 未之有也
2. 尽信《书》　则不如无《书》
3. D
4. 实行仁政。

21 尽心（三）

1. 民为贵　社稷次之　君为轻
2. C　3. 略

22 中庸（一）

1. 性　道　教　2. B　3. B

23 中庸（二）

1. 夫妇　天地　迩　卑
2. B　3. C

24 中庸（三）

1. 性　教　明则诚矣
2. 博学　慎思　笃行
3. B